ΑΪΛΟΥΡΟΣ

Ирина Машинская

Офелия
и
мастерок

AILUROS PUBLISHING
NEW YORK
2013

For Oliver &
Anna
— fondly
— with gratitude.

19 october
2015
Oxford

Irina Mashinski
Ophelia and the Trowel
Poems

Ailuros Publishing
New York
USA

Подписано в печать 4 октября 2013.

Редактор Елена Сунцова.
В оформлении обложки использована фотография работы Ирины Машинской.
Портрет Ирины Машинской: Сергей Самсонов.

Прочитать и купить книги издательства «Айлурос» можно на его официальном сайте: **www.elenasuntsova.com**

ISBN 978-1-938781-68-1

Полина Барскова

Стон и стиль Лаокоона

Поэзия Ирины Машинской есть, в первую очередь, поэзия взгляда. Взгляд этот честен — каким бы странным, поношенным и отслужившим ни казалось это понятие. Взгляд этот пристален: и в этом его сила, его невыносимость. Людям вообще свойственно отводить глаза, отвлекаясь или смущаясь, — не Машинской. На каждый избранный ею предмет, будь то разлука, зимнее небо, стихотворение, смена среды обитания — она смотрит, пока не проявятся все черты, мельчайшие детали события либо ощущения. В этой поэзии есть верность и мужество и последовательность и терпение: не отводить глаз, пока все страсти и тайная природа не поддадутся описанию. Следуя за ней, читатель учится замечать — блестки, крапинки, пыль, пыльцу, слякоть, время: всё самое важное и самое невидимое. Она возвращает наблюдаемому миру его сложность, что кажется одной из самоочевидных, первейших задач поэзии.

Всё, что она разглядывает, одновременно полно красоты и ужаса. Но всегда в разных сочетаниях и пропорциях. Таким образом, поэзия Машинской — справедлива. Об ужасе она говорит — в тебе есть красота и смысл. О красоте — в тебе таятся отвращение, отчуждение и отсутствие смысла. В одном из наиболее изощрённых и отчаянно-точных высказываний о границах, отделяющих возможности живописи от возможностей поэзии, в «Лаокооне», Лессинг замечает, что главной задачей при изображении человеческой боли должна быть забота о красоте — именно она, в итоге, способна вызывать сострадание. Красота в изображении защищает наблюдающего или читающего от боли мира. Это не значит, что боль должна быть приукрашена камуфляжно, но значит, что красота должна быть обнаружена в ней, внутри. Именно это привлекает меня в философии Машинской — способность отдавать должное тому факту, что «Радость-Страданье одно», как заметил еще один сострадатель и остроумец. Каждое стихотворение здесь — отчаянное усилие поиска: поэтому меня так радуют эти, казалось бы, безвидные местности, приглушённые тона, снежные, дождливые и туманные пейзажи — как иногда кажется, пейзажи снов. Гибнущий, наблюдающий и отражающий, как зеркало, гибель близких, Лаокоон не кричит, не содрогается — он тихонечко *стонет*, как подмечает, аплодируя, умилённый Лессинг. Из деликатности, мудрости, приятия тайны и смысла создания, чаще всего нам совершенно не понятного. Есть такое умение (обратное нарциссистическому упражнению «во весь голос») — говорить очень тихо, именно этим заставляя всех к себе прислушиваться.

Мир поэта вне своего языка, то есть вне себя — мир всегда отчасти мучительный. Говорить об особых чертах поэзии, написанной в отъезде, в побеге, в отбытии — всегда грешить обобщением. Особенно в современном мире и в современном Нью-Йорке, где явление чужестранчества — норма. Ты всегда не дома, а значит, дома — везде: и в зимнем небе, и в июльском поле, и в метро, и в классе, и в больнице. Просто в зависимости от того, где ты находишься в данный момент, ты меняешь форму, голос, температуру крови.

Формально эта поэзия крайне разнообразна: оболочка служит задаче, заряду. Легчайшие, виртуозные, кружевные восьмистишия сосуществуют с минималистическими высказываниями (рассыпались шарики ртути), почти лишёнными формы, шума и шелухи слов. Так же и рифма, острая, тактичная и подвижная, здесь обслуживает смысл, задачу высказывания: то прячась, то растворяясь, то защищая, то замедляя движение мысли. Рифма Машинской тактична — и отсюда её власть над материей этих звуков: «ты, рифма бедная, любой дороже и лихой, и небывалой». Технический аппарат здесь виртуозен и крайне любопытен, если размышлять о том, как нахождение Машинской в чужеродной языковой среде и её занятия переводом повлияли на ткань её русского стиха. Постоянные переговоры с чужим языком и его поэтической традицией и особенностями здесь ведут к естественным и продуктивным компромиссам — звуковая природа стиха из жёсткого закона превращена в постоянно меняющееся, прихотливое оформление сцены, в прихоть, в то, что надо уметь и хотеть чувствовать. Звук в этом стихе разлит и растерян и припрятан и неожидан и насмешлив. Поскольку речь идёт о совершенно взрослой поэзии, находящейся прежде всего в отношениях с самой собой, разговор о влияниях уже вряд ли уместен. Да, в русской поэзии прошлого века были авторы, например, Мария Петровых или/и Наталья Горбаневская, которым удавалось гармонично совмещать лёгкость формы с последней прямотой содержания. Но, как мне кажется, это уже давно не вопрос влияния для Машинской, но вопрос отождествления и диалога. Для меня поэзия Машинской это урок — урок приятия и включения и совмещения, казалось бы, несовместимых, далековатых явлений бытия и языка. Ноев ковчег и благая весть.

Некоторые стихотворения, вошедшие в эту книгу, впервые были опубликованы в журналах «Воздух», «Звезда», «Знамя», «Интерпоэзия», «Новая Юность» и «Новый мир», а также в сетевом «Альманахе Новой Камеры хранения». Автор выражает благодарность редакторам этих изданий.

I. ВОСЕМНАДЦАТЬ ЛЕТ СПУСТЯ

То, что было со мной...

То, что было со мной,
стало нынче не мной.
Скоро будет какой-то рассвет.
Вон, как снег, изумлённо
блестит под луной
голубой, голубой антрацит.

Как ресницы, ночной
загибается ветр —
это неба глубокого фетр.
Вот последняя миля —
смелее, смелей,
вот последний сквозной километр.

Это кобальт тульи,
мятый купол её,
и широкие, с ворсом, поля.
А по краю петит —
только чуть наклони —
и полярная крупка летит.

Повесть

В лиственничнике,
в сосняке,
на лестничном сквозняке
было мне —
ну, больно.
А у вас свет горел, вбивал клин под дверь.

А за дверью вы были,
ты был —
ух ты, как твёрдый знак,
стоял, как ель или пихта!
А моя жизнь крошилась, мел, лифт ходил, гремел,
падал в шахту.

Было — ну и быльём.
Ну, не было нам вдвоём —
что ж теперь.
Было и увело, ну, увело —
сразу набело.
Свет бежит, реку рябя.

Я в дверях стою, я тебя люблю,
я вернулась.
Сумерки. Мы
в подъезде твоём,
на лестничном сквозняке —
тут до темна светло, точно в березняке.

Пойдём

Пойдём туда, где реки тверды,
где от беды
не отбирают шнурки, ремень.
Там я буду тебе опора
    я буду тебе кремень.

Видимо, нужен какой-то край
земли, воды,
где обрывается каравай,
где опадает дверь.
    Скоро нас будет два, нас будет две.

Ты раньше меня пришёл, и глаза открыл.
Над тобой тотем
молчал — сиял волчьих созвездий круг
и посреди горел
    жёлтый огонь. Долго ты был один, затем

(один — и сквозь стрехи пихт
смотрел наверх на
нетронутый кобальт — чёрно-лиловый снег —
 рваных небес края)
    затем появилась я.

Пойдём туда, где, будто выпал снег,
звезда нема,
и музыка, губ гармонь
немы там, где откос небес,
    там, увидишь, ты станешь опять кремень.

В чёрной коробочке твёрже алмаза лёд,
он оставляет след,
Господи, на Твоей шкале —
             талой воды алмаз,
                наискось падая, гаснет, сгорая в лес.

Как ни царапай сердце лес...

Как ни царапай сердце лес — в лесу
нам жить теперь, друг мой.
На отчужденья полосу
приду я, как домой.

С волками я молчать, и ты не выть,
и ты учись молчать.
По-волчьи знать, по-птичьи пить
и больше гнёзд не вить.

Круг

Так долго вместе прожили...

И. Б.

Мы прожили почти... Но в круге
нас не было, мы были за
— в моей Твери, твоей Калуге
— в твоей Твери, моей Калуге,
в начале, то есть в эпилоге
в окне твердела бирюза.

Нас прочило друг другу столько
вещей, добытых не трудом...
И эта шаткая постройка
уже постольку стала: дом.

Мы прожили... Прожи́ли. То и
останется, что сможет — без.
И кто те слившиеся двое,
не поделившие небес?

* * *

А у нас, Никола́, ни кола, ни двора, но, мой свет, собираться пора.
И неважно куда, ибо да, Никола́, тут дыра, говорю, там дыра.

А над нами нора — ах, какая нора! — только рано туда, до поры,
да над нами вдали — голубая гора — не полечь бы под этой горой.

И не витязи мы, от зимы до зимы по железной равнине скользя,
но отстать от себя — это будем не мы, нам с тобою такого нельзя.

Наша песня стара: выдавай на гора, разворачивай недра с утра,
а под нами гудит голубое ядро, но дотуда добраться хитро.

А дотронусь до тёплой рубашки — там ты сквозь негромкую тёмную ткань,
и волна золотая заходит в ладонь, твой родной негасимый огонь.

Там горячее узкое тело твоё, там земная гудящая ось,
и железо, и никель в ядре голубом, и неоновый стержень насквозь.

Это пламя двойное из печи двойной и в отверстую грудь из груди,
и зияет обрыв у меня за спиной — всё-то, значит, у нас впереди.

Восемнадцать лет спустя

Н. Р.

Любой аэродром немного был тобой
любой! наклонный травяной
и в ноябре
под первою слюдой
был ты, мой боль, мой boy

Стальные бабочки, на крыльях ковыляя
проколоты насквозь,
ангар находят свой

Всегда я знала, что и мы с тобой
и мы поднимемся над выгнутой землёй
и полетим к Ангарску и Вилюю
Земля раскрутится под нами, как «Savoy»

Я буду жаворонок, будешь ты совой

Мы полетим над гиблыми местами
горелыми лесами и ковыль
поднимется и лес густой за нами
Не будешь ты бобыль

И мы увидим к северу наклон
атласных лент без петель и зацепок,
осколки мочажин, и в ряби цыпок
Байкал. И лес подымется с колен

Их сильные, курсивом, имена
начав с Урала, с детства наизусть я,
но собственные забывают имена
дойдя до устья

Что знали мы про взлётный,
травяной,
проталин йод

и наст в скрижалях трещин
как мы подымемся и целый свет отыщем,
что атласа не хватит нам с тобой

II. БОТАНИЧЕСКИЙ САД

Ботанический сад

Сегодня полгода, как я оставляю округу,
смеясь, удаляюсь, под руку
себя, как бывало, возьму.

Довольно полгода горячего пепла и пыли —
хлебнувшая пыла и воли,
валяй в ледяную весну.

В кустарник нырнув на краю неживого болотца,
где корню и корню бороться
не надо хотя бы во льду,

я в сад вулканический бедный — и тот, у Колхозной,
резиновый садик каркасный,
не тронув калитки, войду.

К чему ж мы готовились, как не к уходам, побегам,
не к слою за слоем победам
огня над свободой плато,

когда мы стояли вдвоём с воробьём у солдатских
сапог, на дорожке, в недетских
он — перьях, я — первом пальто.

Такая, выходит, свобода у нас и порода:
округа тесна, и погода
дорожки черней ледяной.

Базальтова скатерть и та, остывая, сомнётся.
Остынут и станут потверже, чем те восемнадцать,
полгода, что побыли мной.

Фильм

Воздух дырчатый и улицы-закладки,
чёрный сахар, колотый кайлом,
            и арифметической загадки
   головокружительный излом.

Старый сахар с искрой в каждой лунке,
чёрный майский лёд в углу двора!
   Метра два нетерпеливой плёнки
      или только метра полтора...

Жизни оползень тут начался когда-то,
чернью на текучем серебре:
      под галошей грязные караты
              и лопата снега на траве.

Космос — это кучи льда и угля
свалены у северной стены.
            Угол солнцем траченого дубля.
   Я смотрю из брошенной страны.

Родина-ода

Ты ещё, как чужая, смеялась:
мол, не ведаем — вот и творим.
Но уже, как бумага, сминалась
моя жизнь перед взглядом твоим.

Ты не будешь ни зваться, ни сниться,
я не знаю в тебе ни аза —
лишь в кристалликах соли ресницы,
и в хрусталиках сини глаза.

Нас грузили на станции, дома,
нас остригли с тобой наголо.
Ты похожа на мальчика, Homo,
не похожа ты ни на кого.

Это были цветочки, виньетки,
бирюзовых небес купорос.
Но цеплялись уже вагонетки
и неслись, веселясь, под откос.

Нагружалося мерной тревогой
то, что раньше грузилось виной.
Всю меня ну, бери, а не трогай,
у тебя так со мною одной.

Я не встречи боюсь безрассудной,
не разлуки слепого нытья,
не разборки подробной и нудной,
ни забвенья, ни памяти я —

ты не будешь ни сниться, ни зваться,
только рельсов блеснёт лезвиё.
Бесполезно отыскивать в святцах
онемевшее имя твоё.

Ты дала мне такую свободу —
не доверишь перу, топору.

Я тебя никогда не забуду,
имя ношеное не подберу.

***

Олегу Вулфу

Разночинец первый снег
   всячины поверх —
сквозь рубаху из прорех
     смотрит тело сильное земли.

Это снега нигилизм
   говорит: я есмь.
Полна света пустота,
   светослепота.

Как впервые нас одних
   вдруг оставили детей —
одинок, как первый снег,
    ровный свет зальёт глаза.

Но ветвится новый куст
   сам по себе, сам.
Он растёт себе — и пусть
    ему нужно к небесам.

Что дано — уже дано,
   нам не стоит ждать чудес.
Вот железополотно
    пред глазами здесь.

Это исповедь — себе,
      самому себе,
чрево белое кита,
   слепоглухота.

Вот и волю наголо
   обрили под ноль,
там вверху овал гало
    а в нём никого.

Ли Цы и Ли Цо

Ли Ци
                безлицый
                            на снегу   улицы

Ли Цо без лоций, но
                как циркуль стоит
                            в рубке

твёрдо стоит
                Ли Цо
                    крепко

шатко бредёт
                Ли Ци
                    кротко

в тёмную воду летит
                    снежок
краткий

Ночью смотрю на восточную стену

сатиновый снег
платиновое окно

К границе

   Ноябрь, невеста в стеклянном гробу.
Просыпая крупу —
из подъезда — на свет — и наружу!
Ботинка носком — вот сюда — осторожно — слюду,
эту хрупкую лужу.

   Смотри-ка! Подходим к границе,
границе же, ясно, во мгле.
Знакомая ветка висит в леденце-хрустале
и хрусталики ока ломают косые лучи,
словно спицы —

   чтоб, руки расставив — как планер — по выпуклой глади — по тверди! —
скользил тихоход, а под ним — облака, набегая,
как дети, всё ближе граница, всё мельче
голубая, в морщинах, вода.

Глубокий переулок

Лето к концу — вот и гляди, ремесло.
Скоро в сугробе глаза
пряча в Глубоком,
между воротами, баком —
Богом
данное
двинется к выходу.

Как ты ветвилось, росло,
как углублялось ты, русло,
как именован был дважды
полдень —
всякий и каждый,
и погребён
под аллювий ночной,

в гальку придонную
пряча надводное солнце.
Как же был нежен, полог
пойменный левый, а правый
к лесу откос — обрыва
небрежная лепка, песчаник,
трёп городской,

лето: лопата с налипшею плотью
гумуса, с клоком осоки,
оползень,
быстрое гнёзд муравейное русло.
Как умирали полузнакомые, курса
и младше. Как за веслом
тащилась помятая лапка.

В ритме снега

В. Ч.

А как повалит слепая свалка —
гадалку жалко, себя не жалко.
Решётка ль, решка,
пешка ли, пташка,
талая снежка
плоть.

Какая мокрочь навалит за́ ночь —
неважно: в полночь накроет самочь
и никакою
речь-золотою
сю не осилить
твердь.

А я ни скрепки ветки-заклёпки,
ни влажной шапки небрежной лепки
на незнакомом
узком чугунном,
глядящим во тьму
лбу

— хоть в самом рытом, топтаном, битом,
обмотанном бинто́м тропки углу там,
с валиком кромки,
где в светлой рамке
ель, как пустой
тулуп,

да́ ведь? — листом бы пройти по тумбам,
ограды ромбам, нашлёпкам-клумбам,
не выбирая
сугроба-рая,
как угоразди́т —
пасть —

за речи корку не дам ни карка,
голого парка не дам огарка,
снежинки сажи
— в коре ли, коже —
и то сказать: не
гость.

Москва у метро. Чужестранец

Чужая музыка мобильная
толпится душами живых.
Небольная дорога длинная
прохожему о мыслях двух.

Какою мыслью озабочена
толпа, что ханская огонь,
на мостовую, солью траченую,
выплёскивая лохань?

Лузга ларьков у того выхода,
чудны́е марки сигарет.
Нет у него другого выхода,
кто бронзой мятою согрет.

Он на винтовку опирается,
не зажигая фонарей,
и сумерки его сгущаются
над кашицею у дверей.

Он друга ждёт, бойца, товарища —
вот-вот на талую тропу
горячий пар, в лицо ударящий,
без шапки вынесет в толпу.

Дыхание двери, вращающей
водою — лопасть — кормовой,
лишь одного не возвращающей
в своей раздаче дармовой.

Нам остаются только здания,
в аквариуме чудо-сом,
углы высотки на Восстания,
где шёл кругами гастроном.

Там, как чужой, приезжий мечется
и выход не находит свой,

и всё черней ступени светятся,
и спит, и сом ещё живой

Синица и Костёр

Пока весёлый Твен ходил за Томом,
а хмурый Хэм сидел по кабакам,
её спокойно били Мандельштамом,
прекрасным Мандельштамом по губам.

И вправду не по сеньке полушанка,
ты царь: сиди один и в горсть дыши.
Полуцыганка или полушалка —
синицам ни к чему карандаши.

Пускай там Твен с неуловимым Томом
и с Томасом (каким, о том молчок!)
сломают их к чертям — и станут дымом,
но прежде — хворостом для птицы с кулачок.

Август. Ничья

А и было всего-то два лёгких неведавших года
и ещё один день, но не весь.
А теперь отдадим ненадолгую недосвободу
за неведомых нам
женихов невесёлых невест.

Обошлось без ловитв, слава Бо, обошлось без облавы,
без насилья одной суматохи над смутой душевной другой.
Только штора и луч без оглядки, границы, оправы —
половицы лучина,
в половине луча догорай.

Как в любимых стихах, лунных шахмат квадраты косые
с Е4 назад на Е2,
из невидимой кухни расходятся капли босые
как разведчики, чутки,
и касаются стрелок едва.

Оттого и сверкала вовсю в первом акте стеклянная крошка
на июньский, июльский, разбивший плотину ручей.
Начинают ли белые, серые раз — и в окошко,
вот и ладно, и всё,
вот и кончилось быстро ничьей.

Двое

Похоронили матерей,
на мартовском ветру стояли.
И смысл, и волю потеряли
и сделались себя старей.
Осталась я у них одна
на всём жестокосердном свете.
И ни оврага, ни холма —
лишь ровный голос на кассете
с небес не толще полотна.

Четыре нежные руки
меня отрывисто касались.
Ключицы скрипнули, раскрылись,
и сердце треснуло, как наст.
Пока неслась дневная мгла,
пока мело по снежной мели —
я б их оставить не могла.
Я им была как мать, не мене —
но Господи, как я мала.

Греми же, мартовская жесть,
жестоковыйные морозы!
Больней любовь на свете есть
горящей на щеке угрозы —
слепая ласковая лесть.
Разлука выпорхнет — и во
все концы! — не оттого ли,
что смысла нет в добытой воле?
Но и в неволе нет его.

Нови Сад после бомбёжки самолётами НАТО

час неровён — стемнеет, ровня
присядем медленно на дровни
и будем слушать хор подвод
и русел узкогорлый ход
как та телега раздвигая
брега, гремит как неживая
река ночная под горой
свои квадратные колёса
вжимая в гравий голубой

как за горой сквозь призрак леса
недосведённого под ноль
пылает поезд как пароль
как на ходу, покато к югу
плато плечистое живёт
и шествует на шавуот
как дым чужой, от лога к логу
толпа рассеянных урочищ
как горсть рассыпанных монист

как серозём-туман зернист
как слух ночной, земля, морочишь
и вспять над рваными мостами
над картой с точными крестами
влачится тучи плащ пустой
над грязным серебром Дуная
как пойма хлещет неродная
за пешеходною листвой
бадья небесна холостая
как ровен холод холостой

* * *

Г. Стариковскому

— Ибо любая вода,
                в тысячу ватт закат —
Понт:
горизонт
                тем и чреват.

Знак бесконечности: бант,
                дельты атласных лент,
глин
голубых
                кожа, ладонь

дна, где любой — Гераклит,
                скороговорки рек:
грек
или рак —
                оба рекли.

Как год тому назад. Waterford

           названье индейской реки
       это солёное устье
мост
дрожащий на горле залива в ночи
   мучительной рыжей цепочкой

а наутро
невидимый
         в эти дни на другом берегу
   умирала Марина   а Саше
оставалась лишь осень

под утро
        прилив
   тихий бор
подходит прямо к воде
         и трогает воду

   в доме чужом снится   воздух
         свет
             из распахнутых окон
пустая окраина русский
      город на Ч

   снится строка
         вымолвленная
         ничья

Гобелен

Спала, как догоняла, как неслась.
А жизнь моя невдалеке паслась,
не помня обо мне — и слава Богу.
Спустилась в воду я и перешла дорогу.

Смеркалось, и мешался снег с дождём,
грузовики мешали грязь со всем,
гремели тяжело, вжимаясь в слякоть,
— и высвободила локоть.

Там, за спиною, жизнь моя текла
так быстро-медленно, как будто я ткала
ребристый гобелен её, с поляной,
ручьём и рощицей — и резкий возглас пьяный.

То ангелы — не молния — сверкнув
крылом, скользнули в тучи — я рукав
не доткала один, не довязала —
и тем крылом я горизонт взяла.

Я жизнь опередила — и за край
земли, склонившись быстро — крой
увидела, и в петельках изнанку —
и удивилась тесноте родной.

Книга

Бабушке

Ты дремлешь, меня ожидая, одета
нарядная, у стола — скатерть в сто ватт — открыта

дверь, с порога я вижу вазочки и закуски
будем с тобой чай из чашек московских

Кобальт их небосвод, измайлово разливая
волнами на краю бежит кайма золотая

а в ней корабли, как петли в шёлковых ширмах
Как я люблю, как ты говоришь,

шорох

ногтем разглаживаемой фольговой
узкой закладки, складывающейся по новой

в устной книге, ясной и сильной рани
Фанички-Зины-Лизы-Шурочки-Лёни-Ани

с музыкой над Днепром, обыском на Никитской,
с лицами всех моих перед лицом бандитской

В окна вошла округа, вспыхнула и погасла
но горизонт зеркальный — словно фольги полоска

Там волна волну залатает, фольга золотая
это ещё не точка, это лишь запятая

там вода воду тешит, волна волну утешает,
и что ещё не бывало, уже бывает

III. КОНЁК-ГОРБУНОК

На восходе

петельки струй аккуратно крючком зацепляя
цапля стоит удивлённая и молодая
и поражённо глядит на цепочки вьюнков и воронок
как покидают её как по стрежню скользят спозаранок
вниз по теченью арабские цифры и точки
чётки царапины солнечных ядер цепочки
тигли и стебли и все запятые колечки
как разливаясь по телу лимонной слюдою
первого света как утро идёт золотое
как оно щурится солнце встающее ради
этой вот меченой пёстро-стремительной глади
как догоняют плоты из слоистого сланца
трёх мудрецов в лепестке одного померанца

как застывают в затонах стоят над водою
как застревают над мелочью медной любою
струги осиновых горсток хитон махаона
как близоруко и медленно дочь фараона
ива склоняется в скользких сандальях из глины
над колыбелью ореха пустой скорлупой окарины
ловит летящие вниз карусели-кувшинки
в жёлтых корзинах лежит по младенцу в корзинке
как их уносят на юг ледники слюдяные
плоть водяная бессольные копи стальные
магма слоистая чёрно-лиловые сколы
круглые мускулы смуглые берега скулы
ах как сверкнут плавунца то макушка то голень
остов жука в гамаке ему памятник камень

одновременная цапля над быстрым потоком
приводом одноременным от устья к истокам
запад в востоке затока в нагретом затылке
марка в конверте початый конвертик в бутылке
быстротекущим бессмертьем тугие восьмёрки
стеблей верёвки и медных колен водомерки
ломкие скобки
пускай же она молодая

пусть говорю я сама себя не покидая
над золотистой лесою ещё постоит Амадея
цапля волхвица ловица лучей молоточек
как ты кручинишься камень — вода меня точит

Три стихотворения

У т р о

Как хорошо проснуться одному
и знать, что ты один.
Тянуть, тянуться.
Потискать мысль. И бросить. Задремать.
Не открывая глаз, проснуться —
один на всём прохладном плоском гладком циркуль,
потом, бегун на амфоре, рывком
согнуть колено, потерять носок
и взять диван, весь, весь до горизонта.
Задеть за край. Не знать, когда тебя
обнимут сзади и легко придвинут
к себе.

В о к з а л   н а   р а с с в е т е

Но как он выжил
семь лет насквозь,
когда жилось по-взрослому, поврозь.
Но встал и вышел, и просто подал знак,

и, как вода, она пошла к нему. За ней
обозы потянулись
облаков, камней
мозолистые осыпи,
и озы
по памяти вползали на ледник,
на север шли и север согревали.

А там вокзал явился,
взвесь
фонарной измороси,
дальняя платформа,
дегтярный воздух

49

рыхлой влажной вязки,
запутанные рельсы расплетая,
он весь
на руках отца,
и мама
у самых глаз,
её из капель связанный берет
с фонариком-иголкой в каждой капле.

И мгла подвинулась,
ужé,
петля к петле,
пошли составы снова,
сновиденья
межледниковых сумрачных эпох

и выступили
влажные стволы —
свидетельство существованья света.

О ф е л и я

Плыла и пела

Спала в тебя,
спала к тебе
и засыпать сбегала от тебя,
как одинокая, за спичечную стену.
Июль сплела с тобой, сплела и спела,
и, словно шторы, тину развела.
Как ты хотел, и стал нам свет
и стало так, что я что ты, хотела.
И падала, и пела, и плыла.
Ты спал. Вверху лежали облака,
как одинокие, без сна, без одеяла

Путник

Сослепу с поезда
Вышел, бос в снегу.

О. В.

А как там будет, так уж и не помнится,
как будто не́ будет.
Как вылюбишь, так оно вновь наполнится,
как светом бред.

Уйду, сбегу, сойду, пока не поздно ведь,
пока не добела.
Не всё ведь до конца, до краю — вон доведь
в пешки сбегла.

Пока не полностью, не мы, не выпиты —
сомкни створки, страсть,
сбеги, уйди на волю, выкипи,
не трать, не трать.

Пешком по лугу хорошо мне снизу вверх,
где ты летишь сам-друг —
на страсти облачны, тысячны туч заварух,
на вышний луг,

на великолепие крыл твоих внутренних,
изнанку словьих снов,
на махом машучи, ночных ли, утренних,
но тёмных слов.

Ведь ты всё знаешь сам: оно и вглубь не вещь,
как ни была б родна,
как ни люби — до дна вовек не вылюбишь,
как день, до дна.

Что, мальчик местечковый, молчаливый…

Что, мальчик местечковый, молчаливый,
с глазами удивлёнными ко мне?
Иди ко мне.

Камней неперевёрнутых, условий
почти не остаётся, даже слов — что слов! —
узлов

не перерубленных, загубленных, сметённых,
не тронутых, не знающих суда.
Иди сюда.

Я научусь не знать вины у тёмных
черней черты оседлости, черней
не знать о ней.

Небывшее становится не бывшим,
а бóльшим, так что уже больней не быть.
Когда-нибудь

я тоже разучусь тягаться с прошлым,
пока ж во мне стоит, не тает куб.
Дай губ

талое, в горячечных рассказах,
объятья вжим — скорлупка в скорлупе —
идти к тебе,

сквозь треск существованья, из запазух
чащобы непролазом, в дым родства,
в рост, в Днестр костра.

Седьмая сказка

И что — непонятно, но, видимо, в ней
и в нём что-то было такое —
тревога
бежала по кронам семей.

Топтаться поодаль, держаться вдали
им было привычно — об этом
и речь-то —
их, было, легко развели,

покуда в двенадцатый год и ручей
двунадесять рук не тянулись
вслепую
в листвую дощатую ночь,

прорвавшие дамбу пока не смели
смешные картонные створки
в июле,
и некого стало беречь.

Друг другом напиться они не смогли
и оба погибли от жажды
и дважды,
и трижды за летнюю ночь.

Рифма

Как женщина, негромкая с утра,
с пергаментными нежными тенями —
ты, рифма бедная,
любой
дороже и лихой, и небывалой.

Она стоит в халатике цветном
на кухне, освещённой первым снегом,
единственная —
и своей
не сознаёт, сжимая сердце, силы

Серебрись, мастерок

Театральный разъезд,
говоришь, ремесла, эти листьев обноски
первый холод разъест,
как потомку ненужные сноски.

Всё одно! Полетим,
воробьём из окошка кивая —
не зачем, а затем,
что порука стекла круговая.

Вышел век, да не весь,
вот он — охра и стружки-обрезки.
Так лети же, развесь
на нездешние ветки серёжки.

Там трамвайный рывок,
там, за рынком, в ядре околотка
переулок глубок
и прохожий летит, как подлодка,

там взойдёт, как пройду,
патриаршье закатное солнце —
пусть родную слюду
развезло перламутровым сланцем,

пусть бесстыдной, густой
кроют резкою краской московской
достоевский пустой
двор, дрезину и ливень тарковский —

на карминный фасад,
на живучие тёплые камни,
на нескучный посад,
не наскучило, брат мой, пока мне.

Жив одним ремеслом,
поселенец, играющий в ящик,

с котелком, номерком —
я такой же стекольщик, жестянщик.

Разуверишь меня —
и тогда я не разуверюсь.
Ерестись-ка, строка,
золотисто-ершистая ересь,

разлетись на восток,
хоть какой-никакой, а таковский,
торопись мастерок,
говори, говорок,
ленинградский, московский.

Миф

Олегу Вулфу

Почти ничего не случилось на сетке воды
    Прогнулось вот тут пробежали шаги плавунца
     коленки и щиколотки голень блеснула как леска и вот
      прогнулся батут и подвинулся вправо листок
порвалась поверхность вошёл наконечник стрелы

     и всё тяжелея перо погрузилось на треть
    Подуло   У берега полусклонилась трава
Плеснуло у ветки   Сверкнул в середине восток
  Как долго зевок за сокровищем в грот собирался
               Ушёл и в лощине слеза
   Ещё ничего не случилось и может ещё не случится

Зола на ладони уже холоднее ладони   Ого
ликующий лектор указку луча словно леску
     закинул до этого берега вон до хитиновой чьей-то скорлупки
     уже не касаясь ячеек воды серебрящей глаза за леса
   Лесой исчертил проводами поднявшийся воздух

Пан Чуклинский

На ладье за налогами князь отправляется, мёдом, мехами,
только вскроется Волхов,
теряет покровы земля,
заголяясь
болотами-мхами,

ух, налёгши на свежие вёсла, терзают уключины други,
а на правом крутом,
вон, глядит, заметались костры,
как вернулись
из греков варяги.

А на пойменном левом отлогом, как ветром, сгибаемы данью,
к нему двинут Тростник и Осока,
и затона зрачок
не поспеет
за вёсельной тенью.

У Добрыни лицо, как вода, а зрачки — что коряги в затоне,
где по зарослям первенцев прячут.
А что так не дадут,
он легко, улыбаясь,
отымет.

Только что мне, скажи, эти витязи, что угрюмая летопись та мне —
где не Грозный, так Вешатель,
а Блаженный — так весел и прям,
за лесами, за чудо-
кустами.

На зачатье висели над полем небесные серые камни
кругом грубым таким, что вовек
никуда мне от них,
но ты, пане,
не помни.

По кремнистым ручьям на кремнистый выходишь на шлях ты —
и ни лисьих сокровищ,
ни византийской смолы:
крупной солью
рассеянной шляхты.

***

Я кузнец моей травинки,
жестянщик жести.
В полдень известь, ни кровинки,
свет к шести.

Ночевали, где дневали,
смели праздник.
Я творец моей неволи,
вольный всадник.

Я коваль моей осоки
обоюдоострой,
блеснувшей протоки
резчик — здравствуй,

речка! Вон косцы осоки
шеренгой косою,
веют ветры травосеки,
что я угасаю.

Тучи тучи, как известья,
над замостьем.
Коль из голени, коль весь ты
одно запястье,

вверься в сухоту ночную,
дня немо́ту.
Кто клонит твою сухую,
знает, кто ты.

Солнце в лесу. На пороге

Вот человек с утра: два ребра — сруб.
Тяжёлую дверь надави,
выдвини в сугроб —
и полоснёт синевою двойною силой.
А косяку не верь,
потолку не верь —
только дуге в снегу высотою в дверь,
радуйся этой дуге весёлой.

Солнце сбивает с ели двойной замок —
медленно падает, ветвь задевая, в снег,
— как расцепились, вдруг разошлись объятья,
звенья распались, и расплелась пенька,
вымахал рослый ствол из трухи пенька,
и, рассыпаясь,
искры, меньшие братья,

стали собою.
Нет, не у входа — а
выдоха встанет свобода и скажет «да».
Солнце тебя нашло и в кривом овраге.
Леса длинна пола́,
и широк запа́х.
Вечности сколько набилось — как снег в сапог!
Ты уже вышел навстречу своей отваге.

Конёк-Горбунок

Что делилось на два́,
то разделится вдруг на́ три.
От сейчас до утра —
лишь пустая ночь об одном ветре.
Поле-озеро светит в две слезы,
а то во все три,
а ты молчи у печи,
жар-стекло протри, огонь вытри.

Вон по льду-окну к другу берегу
след к следу це́пится,
и савраска бежит, лёдкий лёд дрожит,
ей не спится-спится,
Говорит: я к утру слезу вытру,
уйду в несознанку,
ты сама вези меня,
звонкая, вези, салазка-вязанка.

В петлю из петли прочерки-следы,
из следа в след.
Навернул январь
на стекло треск, черноту-свет.
Через поле-окно, в угол из угла
туго вышло вязанье,
ты вези, не сморгни, смотри,
моё несказанное наказанье.

А деревья зимы всё идут к земле,
анонимы.
Они к лету придут,
все в листве на свои придут именины,
и стучатся в пустой,
не узнаем, каким спелым ветром,
а кто ночью не спал, он потом доберёт
целым светом.

IV. GIORNATA

Полоса отчуждения на закате

Общественных земель, отторженных, зажатых
в двойной джинсовый шов, овражиной зашитых
промеж двух колоннад
(дымящий Ветроград,
горючий Стеклоград),

кустарник золотой над розовым оврагом,
там год идёт другой пред дверью, за порогом
и, как восход, горяч,
закат не ждёт, горюч,
и нечего беречь.

Где поднялась гора — там впадиною стала,
но всё, что жглось и жгло, ни капли не остыло.
От облака до дна
вся, как одна, видна,
оврагу жизнь дана —

от камушка на дне до родинки над бровью,
от камня к бабушки недавнему надгробью
до вдовьего плато,
где твоё золото
без края разлито.

Тому, кто потерял — чужа земля, ничейна.
Но до конца стоит, горит её лучина,
и на ничьём юру,
как будто наяву,
я нашу жизнь живу.

Где разошлась земля — да будь лощиной сшита.
Пылит последний луч, ослепший всадник света
над западной плитой,
и день сжимает свой
последний золотой.

Но золото зашло, и платина разжалась,
и разрешилось всё, что дотемна решалось,
и белка, как игла,
от гладкого ствола
к стволу летит, светла.

Из стихотворения «Делавер»

1. Заводь

Там, где жизнь окурок тушит,
лучом луг прошит,
там камыш бергамский дышит,
мураш пашет,

снуют ласточки-стрекозы
— над бухтою птахи,
ходят тростники раскосы
в жухлой рубахе —

осок войско, крепко остью,
смарагды в извести,
а какой бы радостью
тебе эти листья!

Ночь не сплю, а днём ночую,
вью явь без сна,
нависаю над водою —
так, нитка лесная.

Ряски льдины-изумруды,
корма-коряга.
Делавер на юг уводит
свои берега.

И спешит тенями кроны
плавунец пеший,
только шов не заживает — рана
от ветки павшей.

Ткань, прорвавшаяся с краю,
где нежный берег
переменчивого кроя
тебя сберёг.

Это ряское рябое,
почти болотца,
стало мне дорогое
воды лицо.

Легче самых малых мошек
воды касаюсь,
дымчатую гладь родную
твою ипостась.

Чащ, не знающих урона,
зыбь ли, свет ли,
чтоб не заживала рана
от смертной ветви.

2. К а н т о н и с т ы

То у нас с тобой в породе:
в петлю из петли,
а там раз — и на свободе! —
зов ли, свет ли.

Чтобы край — вода и роща —
и лучом прошит:
вон косу осока точит,
вон мураш пашет.

Эти водоземледельцы,
что всадники, крепки —
как военнопоселенцы —
мои, твои предки.

Развяжи узлы барвинка,
скинь уздечки
— без осечки, ни кровинки,
ни отсрочки.

Ведь и правда, что не всем же,
не прорвав плёнки
по той ряске, той яшме
тащить лямку,

пауками-бурлаками
аракчеевой рати!
— По реке, на небо, к маме,
чудеса творить.

3. П о й м а

Пе́кло, дымный свод-стекло,
плёс, панцирь тряский.
Но увижу далеко
и, как в Nikon, резко

реку, петли все её,
блеск излучин,
плечи рваных берегов,
твои плечи,

теплый вполнакала лоб
к губам, веки
с венками — в речной твой гроб,
сны, протоки.

Как ни стал тот край пустой,
я его не оставлю —
где тебе постелила,
себе постелю.

По́йму, где открыт всему,
укрываем —
я своим тебя пойму
рваным краем.

К полюсу

Никита Тимофеевич Козлов — преданный, ещё с предлицейских лет, слуга Пушкина. 27 января 1837 года именно Козлов переносил раненого А. С. из кареты в квартиру. «Грустно тебе нести меня?» — спросил его Пушкин.

Н о ч ь   1/2

Как одна за одним, без слов,
как один за одной пошёл —
так друг другу Никита Козлов
стали, друг, посол.

В полдень полночи горб двойной,
что герой-верблюд,
гора двинула за горой,
простынёй-горой.

Как глазурный бредёт ледник —
за хребтом хребет,
в два следа, в два горба, каяк
в два гребца гребёт,

так, взрывая подзол, песок,
корень с корнем шаг в шаг —
пятерни с пятернёй замок,
две ладони — шов

в шов — и, к стене лицом,
друг за друг на одном боку,
там, за гребнем, за полюсом,
обернуться к проводнику:

До обоев, к стене ладонь,
а теперь я пойду один,
незнакомый узор тесня,
а назад понесёшь меня

В два шеста уходящий плот.
С правого плеча,
как со склона, сползает плед,
спина горяча.

Так сползает последний лёд,
как в долину, в ночь.
Сможет полночь, как жизнь, верблюд
вынести, пересечь.

А последний сойдёт покров
тёплых ледников,
ещё утренних снов весней,
свет-Никита за ним, за ней

Над морем

В начале — друг-подоконник и я, а ныне ужé
я одна гляжу на ветки и ветки ближе.
Заката монетный двор, конфетных денег
фольга разворачивается над крышами, гремя в динамик.
Складки жизни разглажены ногтем, смяты
единственно и случайно, смяты в один закаты.
        Но снова на горизонте отчётливы флаги, трапы,
дальних ресниц решётка, первых подобий скрепы.
А зайдёт — матово будет, гипсово, алебастро.
Будущее, как сумерки, летит на нас быстро.
Распахнут плащ его, лат выгнутые картины
мерцают, как нибелунги, на кинозал ретины.

И я отхожу от окна, ложусь в раскладушку-
лодку и с потолка вижу корму-подушку
цвета сумерек, углы случайной комнаты на Садовом —
где б ни приткнулся челнок в пейзаже готовом.
        Московские потолки высоки́, и лепная пена
жизни узорна, вверх глубока вселенна:
волны, оборки, шаткий курсив прибоя,
белое, голубое — я полюблю любое
валкое их волненье,
        по новой скольженье
к цели недвижной видимое пренебреженье,
где, воздымаясь, падает стих мой непереводимый,
и на моей бескозырке написано «Непобедимый».

Всё это вновь покорно мне — пена
мятого потолка, гипсовая селена
так подошли вплотную: небо
вмиг обернулось — море, мёртвый светильник — рыба.
…Друг-планетарий, утро с дедушкой Исааком
за руку с неизвестным ещё нам отведённым сроком.
Дедушка мой влюблённый, первый мой друг бесценный!
Тайной вселенной наш полуподвал пельменной.
        Как вдруг — пыльно-немые вывески стали буквы
и раскланиваются знакомо.

Стягиваются кольца сатурновы Гастронома —
высится на Восстанья,
с субботы на воскресенье.

А там понедельник-дождь, подоконник-лодка,
крыши, крыши, каждая, как открытка.
А за спиной в родительской гавани, в сумраке на диване
первая книга мерцает лилово, и новой няни
в кухне — на дальнем полюсе — бьются склянки,
покуда зеленоглазый спешит муравей Бианки.

А там и вечер. Падает занавес. Валкий торшер-тренога
пенал комнаты до порога
озарил. Треугольный журнальный дрожит, нестоек
мамин редакторский низкий рабочий столик —
веер листиков, чистые наклеенные полоски
с маминым почерком, ножницы, клей, обрезки.
стая ластиков, всё это теснится с краю, и вдруг мама вскрикивает
            от страха
думает это мышка, а это же ластик!

Приоткроешь штору — там за сценой
снег из ночного мешка.

И на мне уже ночная розовая рубаха,
на которой бурой ниткой ещё не вышито Ира М.
(время, вспять, в пять лети, время!),
в которой ещё поставят на подоконник
в полдник в детском саду, ибо сказано: беззаконник —
тот, кто не спит в тихий час. Но пока ещё тихо, то есть
можно стоять в углу, сочиняя военную повесть.

Бремя легко домашнего наказанья.
            Но запахло солдатчиной — пошли странные умолчания,
имя смешное Дурова, улица детского ада —
юнги пошли в солдаты, и шли два года —
в понедельник-стоик по Первой-Второй Мещанской,
из уголка Дурова в угол Иры Машинской,

мама, как Авраам, за руку, опаздывая, каблук ломая —
от сентября до мая, от сентября до мая.

Жизни весенней треть!
       Но зато потом как хорошо в больнице
летом одной, как хорошо продлиться
в пыльной вывернутой листве карантинной,
странный пропуск в груди в первой поэме длинной.

       Сложишь корабль-конверт: вот тебе борт — и снова
голо сверкнёт вынырнувшая, готова
жизнь поглотить, принять, выращивать, гладить складки
юбки, галстука шёлкового линейки,
а вокруг покачиваются бакены — деда Исаак и баба Феля,
Форум, Уран, Повторного фильма.

И я отхожу от окна и ложусь в раскладушку-
твой последний подарок, бинокль, сожму под подушку,
и в тёмной решке, бегущей за облаками,
вижу город с высокими потолками —
тогда ещё разный у нас с тобой, его волнующиеся равнины,
где на спине плывет селенит лепнины,
а потом, сразу почти — радужные пылинки в косом десанте
лестниц-ресниц на летнем светлеющем горизонте,
где лазурью становится кобальт наполовинный,
где ты, неуязвимый, к цели неумолимой
снова идёшь и машешь, как в день последний,
и на твоей бескозырке по ободку: «Бесслёзный» .

Там ты с моими вместе.
            Резкий
след, бледнея, расходится над горизонта леской,
и громоздятся-сглаживаются скрепы, стропила, крыши,
ты меня ждёшь, расходишься именем в беглой бреши
меж облаков, знакомых, как тесные сердцу вещи.
        —
То лепесток он-парус, то корабль многотрапный,
так человек — зрачок или зов ответный?
Трепет флажков и лент он, пенных плетенье петель,
или повторной ленты свой однократный зритель.

Выдохнуто пространство и до конца согрето,
им любая волна, как раковина, раскрыта,
на городском закате даль, срастающаяся без клея.
Лодки писем к тебе полнятся, тяжелея
и возвращаются,
                полные голубою
к отступу неготовой голой водой морскою.

***

Пустыня меж домов
воскресных, однооких.
Закат воскресный злой
в пыли небес далёких.
Воскресший голос мой.

Ничейная земля, горючая, сырая.
Толчёное стекло, внезапно догорая
меж городом одним
и городом другим,
поглотит тёплый дым.

Giornata. Облака в окне на закате

Небо, в оба края растворимо,
облако, что Рим, неоспоримо,
струпьями белил косая рама,
радужная, где лучи, слюда —
а за ней Колонна, колоннада,
зарево закатного фасада,
алая гряда, ступени ада —
нимбостратус Страшного суда.

Над землёй скользят собор и пьяцца,
тот костёр, с которым не согреться,
вспышки лучевые, папарацци,
кучевые кручи и лучи,
гнутых мастеров крутые спины —
на плечах серебряны пластины
с патиной, и цепи, и куртины,
и сангины длинные бичи,

и в спирали скрученные плечи.
В каждом облачке свои пылают свечи —
через оцепление по-цыплячьи
валят, как один, ученики
целыми цехами в толпы света.
Но дневным трудом ещё нагреты
туч работных руки узловаты,
медленно лежат, кочевники.

Я стою, мои раскрыты пальцы,
на стекле распластаны, скитальцы,
от костяшек вниз сползают кольца.
Мастером родишься только раз.
Жизнь летит, смеясь и осыпаясь,
жаркой рамы шелушится роспись,
и ложится на дневную известь
чистой фрески занебесный лес.

Я стою, не зажигая света,
ветвь от ветви требует ответа,
над окном моим на небе мета,
подоконник, что верстак, широк.
День проленишься — и видишь, в край из края,
как, лесов ещё не разбирая,
прочь небесная уходит мастерская
на восток и дальше на восток.

СОДЕРЖАНИЕ

III. КОНЁК-ГОРБУНОК

IV. GIORNATA